Hildegard Willms-Beyàrd

Der Deal
mit dem lieben Gott

Impressum

Bibliografische Information der Deutschen Nationalbibliothek:
Die Deutsche Nationalbibliothek verzeichnet diese Publikation in der
Deutschen Nationalbibliografie; detaillierte bibliografische Daten sind im
Internet über http://dnb.dnb.de abrufbar.

Herstellung und Verlag: BoD – Books on Demand, Norderstedt

ISBN: 978-3-734733741

© 2023 Hildegard Willms-Beyàrd

Text: Hildegard Willms-Beyàrd

Satz/Gestaltung: Hilmar Willms

Cover: sspiehs3 – pixabay/ Hilmar Willms

Inhaltsverzeichnis

I

Vorwort

Dieses Büchlein ist ein Stück Zeit-
geschichte, die nur interessant ist für den,
der ähnliches erlebt hat.

Der liebe Gott, so wie man ihn uns in Schule und
Kirche beschrieb, stellte hohe Anforderungen.
Nichts, aber auch gar nichts blieb ihm verborgen.

Das hieß mit anderen Worten: Alles, was man
dachte und fühlte, was man tat oder auch nicht
tat: Der Allmächtige war immer im Bilde.

Jeden Sonntagsmorgen ging die ganze Familie
zur Messe.

Mir fiel es schwer, andächtig zu sein, denn das
Beten und Singen dauerte für Kinderbegriffe ewig
lang und schien manchmal nie aufhören zu
wollen.

Spannend wurde es, wenn der Klingelbeutel
herumgereicht wurde.
Von da an wusste ich: Gott war nicht nur mächtig,
streng und konnte Gedanken lesen, er war auch
noch bestechlich!
Nie hätte ich das für möglich gehalten.

Die kindliche Seele lehnte sich auf gegen so einen Gott und empfand zutiefst den darin liegenden Widerspruch.

Es sollte Jahre dauern, bis ich mich aus den Fängen einer falsch vermittelten Religion befreien konnte, um endlich nur Mensch sein zu dürfen.

Es ist nie genug

Heute kann ich nur noch schwer nachvollziehen, wie sehr ich als Kind bemüht war, dem lieben Gott zu gefallen. Ich erinnere mich an das beklemmende Gefühl, wenn mir meine kindlichen Sünden bewusst wurden, die aus heutiger Sicht keine waren.

Jedes Mal befiel mich Mutlosigkeit, denn ich wusste, der liebe Gott stellte noch höhere Anforderungen an mich als Eltern, Lehrer und der Pastor. Gott verlangte, dass man ihn, mehr als alles andere in der Welt, zu lieben hatte. Notfalls hatte man, - welch entsetzlicher Gedanke - sogar für ihn zu sterben.

Die blutrünstigen Geschichten der Märtyrer kannte ich nur zu gut. Mich schauderte bei dem Gedanken, es könne tatsächlich einmal hart auf hart kommen und ich müsste meine Liebe zu Gott unter Beweis stellen.

Doch mit der Zeit begriff ich, dass Gott mit sich verhandeln ließ, denn es gab Möglichkeiten, ihn milde zu stimmen. Man musste nicht unbedingt sein junges Leben für ihn hingeben wie so manche gottesfürchtigen Heiligen es getan hatten. Ich war erleichtert!

"Man muss dem lieben Gott gefallen, sonst kommt man nicht in den Himmel" hatte uns die ältliche Lehrerin in der Schule gesagt. Und genau das wollte ich mit meinen Gebeten erreichen, die ich morgens, mittags und abends beinahe zwanghaft verrichtete um den gestrengen Gott bei Laune zu halten.

Gleich nach dem Aufwachen betete ich: *"Jesus, dir leb ich, Jesus dir sterb` ich.."* Dann folgte in der Schule das von uns Kindern im Chor heruntergeleierte Morgengebet. In Gedanken war ich schon beim angekündigten Diktat für das ich nicht geübt hatte.

Daheim am Mittagstisch wurde selbstverständlich auch gebetet, vor und nach dem Essen. Dabei musste man höllisch aufpassen, denn **vor** dem Essen hieß es im Tischgebet: *"Segne uns, o Herr, und diese deine Gaben, die wir durch deine Güte jetzt empfangen* **werden**.*"*
Hernach, wenn die Schüsseln leer und die Bäuche voll waren, sprachen wir das gleiche Gebet noch einmal. Doch nun zeigte sich, wer wirklich mitdachte beim Beten:
Das "**werden**" wurde nun durch **"haben"** ersetzt, denn wir hatten ja schon die Gaben empfangen. Diese vertrackte Stelle war immer ein Stein des

Anstoßes, da ich das Gebet gewohnheitsmäßig einfach nur herunter plapperte. Abends im Bett betete ich erst einmal für mich, damit der Liebe Gott mich in der dunklen Nacht beschützen möge. *„Müde bin ich, geh zur Ruh, schließe beide Äuglein zu. Vater, lass die Augen dein, über meinem Bette sein. Hab ich Unrecht heut getan, sieh es lieber Gott mir nach."*

Wenn ich gut drauf war, fielen mir auch noch andere Nachtgebete ein und ich betete sie alle, sozusagen zur Sicherheit für den Fall, dass Gott auch gerne mal was anderes hören wollte.

Zum Schluss bat ich IHN Abend für Abend, er möge meine Mutter niemals sterben lassen, denn sie war der wichtigste und liebste Mensch meiner kleinen Welt. Wenn ich spielen ging und den Krankenwagen hörte, beschlich mich immer ein unbestimmtes Gefühl der Furcht, ihr könne etwas Schlimmes passiert sein. Sie litt hin und wieder an Depressionen, unter denen ich mir natürlich nichts vorstellen konnte. Aber ich spürte, dass es der Mutter dann nicht gut ging und hatte berechtigte Angst um sie.

In der allmonatlichen Kindermesse hatte der Pfarrer gesagt: *„Soviel man auch betet, es ist nie genug."* Jetzt verstand ich endlich auch, was es mit dem eintönigen Rosenkranzbeten auf sich hatte. Hier wurde tatsächlich akribisch gezählt: jede Perle ein Gebet und wenn das Dutzend voll war, war´s anscheinend immer noch nicht genug, denn dann ging es wieder von vorne los.

Ich wunderte mich, dass der liebe Gott, anspruchsvoll wie er war, an solcherart eintönigen und langweiligen Gebeten seine Freude hatte.

Weiß der liebe Gott wirklich alles?

Ich wusste, dem lieben Gott blieb nichts, aber auch gar nichts verborgen. Was ich dachte und fühlte, was ich tat oder auch nicht tat: Gott der Allmächtige war genauestens im Bilde, da gab es kein Vertuschen und Verstecken meinerseits. Ich war mir darüber im Klaren: Jede noch so kleine Notlüge war dem lieben Gott bekannt, denn er durchschaute die Menschen als seien sie aus Glas. Nur zu gut wusste ich: Würde ich heute noch sterben, so käme ich nicht in den Himmel. Gott wusste genau, wie ich zu dem Geld gekommen war, von dem ich mir zwei Tütchen Brausepulver gekauft hatte: Einmal Waldmeister- und einmal Himbeergeschmack, die mir trotz meines schlechten Gewissens ausnehmend gut geschmeckt hatten. Und wie war ich zu dem unverhofften Geldsegen gekommen? Ganz einfach! Hinten in der Kirche befand sich ein alter Marien- Opferstock, dessen schmiedeeiserner Geldbehälter lange schon kaputt war. Es galt bei den Kindern als Mutprobe, unter dem prüfenden Blick der Muttergottes ein Fünf- oder Zehnpfennigstück dort heraus zu nehmen.

Weniger Mut brauchten wir hingegen, um die Beute dann umgehend in Brausepulver umzusetzen. Der liebe Gott wusste auch von den fünf dicken Erdbeeren, die ich aus Nachbars Garten stibitzt hatte. Als meine Mutter das sah, sagte sie: "Egal, ob das nur fünf oder zehn Erdbeeren waren, das musst du beichten." Ich dachte still für mich: Wenn der liebe Gott wirklich ALLES sieht, weshalb muss ich das dann noch beichten? Ich hütete mich aber, das laut zu sagen. Hätte Gott nicht auch wissen müssen, wie sehr ich mich danach sehnte, beim Vater einmal auf dem Schoß sitzen zu dürfen? Dem lieben Gott musste auch klar sein, wie sehr ich der Liebe beider Eltern bedurfte und wie ich litt, wenn ich sie abends leise streiten hörte. Ich sah die Tränen der Mutter und das strenge Gesicht des Vaters. Warum tat der liebe Gott so, als ginge ihn das nichts an? Die einzige Erklärung für mich war, dass der Allwissende wohl alle Hände voll zu tun hatte und völlig überlastet war. Wenn das jedoch der Fall war, dann konnte ich nicht länger daran glauben, dass Gott jeden großen und kleinen Menschen in seiner Hand hielt um ihn zu schützen und vor Unheil zu bewahren.

Als ich dann im Radio hörte, man befürchte, ein dritter Weltkrieg könne ausbrechen, verzieh ich dem lieben Gott, denn nun wusste ich ja, warum er keine Zeit hatte für die Probleme meiner Eltern. Er hatte Wichtigeres zu tun. Ich hoffte nur, dass er, anders als im Alten Testament, inzwischen gegen alle kriegerischen Auseinandersetzungen war. Gott auch nur annähernd zu verstehen fiel mir schwer. Ich hörte im Religionsunterricht von der Vertreibung aus dem Paradies, und das alles nur, weil Eva ihren Heißhunger auf Äpfel nicht bezwingen konnte. Der liebe Gott hatte für so etwas kein Verständnis und bestrafte Adam und Eva rigoros, indem er sie aus dem Paradies herausschmiss. Auf immer und ewig vertrieben aus dem wunderbaren Garten Eden, etwas Schlimmeres hätte er sich meines Erachtens nach nicht ausdenken können.

Das Allerärgste an der leidigen Sache war jedoch, dass seither die ganze Menschheit darunter zu leiden hat, denn der Pastor hatte gesagt: „Seitdem sind wir alle mit der Erbsünde behaftet" Auf meine Frage, was das sei, antwortete er: „Das macht jeden Menschen gleich nach der Geburt zu einem Sünder."

In meiner Kinderseele regten sich erste Zweifel. Ich konnte einfach nicht glauben, dass ein hilfloses Neugeborenes schon ein elender Sünder sein sollte, noch bevor es imstande war, auch nur irgendetwas Falsches zu tun oder zu sagen.

Mir kam es nicht so vor, als wäre der liebe Gott die Gerechtigkeit in Person. Erstens hatte ich noch nie von einer über zwei Jahrtausende anhaltenden Bestrafung gehört nur wegen eines gestohlenen Apfels, und zweitens hätte ich Gott so eine Hartherzigkeit niemals zugetraut.

Ich folgerte daraus, dass er ein sehr nachtragender Gott war, der nichts vergaß, der alles sah, der unerbittlich strafte und kein bisschen Verständnis hatte für Evas Heißhunger auf Äpfel. Ich fragte mich, welche Strafe auf mich warten würde wegen des entwendeten Geldes.

Pluspunkte sammeln

Dass man nichts geschenkt bekam, schon gar nicht vom lieben Gott, merkte ich erst als ich älter wurde. Nach all dem, was ich im Religions-Unterricht gehört hatte, musste man hart arbeiten, um von ihm geliebt zu werden.

Als ich das begriffen hatte, fing ich an, gute Werke zu sammeln. Für mein kindliches Verständnis waren gute Werke gleichzusetzen mit "Opfer" und um die ging es ja letztendlich. Ich gierte nach guten Werken wie ein Verdurstender nach Wasser und überbot mich in Hilfsbereitschaft und Nächstenliebe. Natürlich fanden das die Eltern toll. Sie waren stolz auf ihr braves, pflegeleichtes Mädchen. Ein Wunder, dass mir kein Heiligenschein wuchs!

Der Marienmonat Mai war eine besonders gute Zeit, um Gott und seiner lieben Mutter zu gefallen. Angeregt durch den Pfarrer sollten wir ein Bild Mariens daheim in der Stube aufstellen. Für meine Schwester und mich war das nichts Neues, denn Jahr für Jahr bauten wir im Wohnzimmer auf der dunkel gebeizten Eckvitrine, die der Großvater handgeschreinert hatte, ein kleines

Marienaltärchen auf. Jeden Morgen noch vor dem Frühstück wurde dort auf dem harten Fußboden kniend gebetet. Einen Teppich besaßen wir nicht. Meine Gedanken eilten schon weit voraus zur Schule, zur Freundin, zum Spielen und weiß Gott wohin, sie waren allüberall, nur nicht beim Beten. Andächtig war ich nicht, dafür taten mir die knochigen Knie viel zu weh.

Unser Altärchen quoll geradezu über von Blumen. Wie oft war ich unterwegs, um unter Hecken und Büschen die gerade erst erblühte Sternmiere und die gelb leuchtenden Löwenzahnblüten zu sammeln. Wir Kinder rissen uns geradezu die Blumen aus den Händen, um sie Maria zu Füßen zu legen. Ein wahrer Muttergottes-Boom, der in der abendlichen Maiandacht seinen Höhepunkt erreichte. Dort sang ich voller Inbrunst: "Maria zu lieben ist allzeit mein Sinn" und meinte es auch so. Was war der Mai doch für eine wunderbare Zeit mit all den schönen und mit viel Gefühl gesungenen Marienliedern, die mir alle gut gefielen. Aus diesen Gründen konnte ich das Schmücken des Altärchens nicht als gutes Werk betrachten, denn es machte einfach nur Freude und ich war traurig, wenn der Juni begann. Nicht viel anders verhielt es sich mit dem abendlichen

Glockenläuten um Punkt 19 Uhr, - auch das konnte ich nicht zu den guten Werken zählen. Eigentlich war das des Küsters Aufgabe, der wenige Kilometer entfernt im Nachbarort wohnte. Mehr als einmal hatte er „einen in der Krone" wie die Erwachsenen sagten. Das fiel jedem auf, wenn der Küster auf seinem alten klapprigen Hollandrad abenteuerlich schwankend angeradelt kam, oft viel zu spät, um seinen Dienst in der Kirche zeitig beginnen zu können. Wir Kinder fanden das toll, denn dann durften wir das Läuten übernehmen.

Zu Anfang war es sehr schwer, das dicke Glockenseil in rhythmische Bewegungen zu versetzen, doch wenn die schwere Glocke erst einmal hin und her schwang, war alles Weitere ein Vergnügen. Wir hielten uns am dicken Glockenstrang fest, ließen uns mit in die Höhe ziehen und loteten mit dem auf- und niederschwingenden Seil die Höhe des Kirchen-raumes aus. Auf und nieder, auf und nieder, nie bekamen wir genug. Waren wir zu übermütig liefen wir Gefahr, mit dem Kopf gegen die braun gestrichene Holzdecke zu stoßen. Ein gehöriger Schrecken, verbunden mit unangenehmem Schädelbrummen waren die Folge, was uns aber nicht daran hinderte, beim nächsten Läuten ebenso ausgelassen am Glockenstrang zu ziehen.

Selbst diese schöne Erinnerung hat einen bitteren Beigeschmack. Ständig mussten wir auf der Hut sein vor einer bigotten alten Frau, die nichts anderes im Sinn hatte, als uns aufzulauern, um uns "beim Herrn" anzuschwärzen. Damit meinte sie nicht den lieben Gott, sondern den Pfarrer, dem sie mit allergrößter Ehrfurcht und Schein-heiligkeit begegnete. Eine unangenehme Frau, nackt und bloß unter dem Deckmäntelchen der Frömmigkeit.

Fronleichnamsstimmung

Jedes Jahr am Vorabend des Fronleichnams-
festes stand der Pfarrhof voller Wannen und
großer Behältnisse. Man hätte meinen
können, das ganze Dorf hielte dort Waschtag.
Ständig trafen Leute ein mit Körben oder
Taschen, deren duftenden Inhalt sie dort
hineinschütteten.

Natürlich war es keine schmutzige Wäsche, es
waren frisch gepflückte und abgerissene Blüten-
köpfe und kostbare Rosenblätter, das Material für
die Blumenteppiche. Auf diesen durfte anderen-
tags nur der Priester mit der Monstranz einher-
schreiten.

Auf dem Pfarrhof hinter dem Pastorat war die
Sammelstation, wo die Gemeindemitglieder ihren
Blumenbeitrag abgaben. Hier wurden die Blüten
nach Farben und Größe sortiert: gelbe Butter-
blumen, weiße Margeriten, roter Klatschmohn,
blaue Kornblumen, weiße Wilde Kamille, blutrote
Pfingstrosenblätter, weiße Nelken und kostbare
Rosenblüten. Ich erinnere mich noch genau an
die geschäftige Atmosphäre die dort herrschte,
vor allen Dingen aber an den unvergesslichen

Duft all dieser Blüten. Auch meine Eltern spendeten eine Unzahl weißer Nelken, die unseren großen Garten wie eine niedrige Hecke einfassten. Den wunderbaren Geruch der gefüllten Blüten rieche ich immer noch.

Aber zurück zum Fronleichnamsfest und dem Blütensammeln am Tag davor: Für mich heute gänzlich unverständlich beteiligte auch ich mich ebenso eifrig wie die anderen Kinder. Ausgerüstet mit einem großen Einkaufskorb schwärmte ich aus, um in den umliegenden Wiesen und Feldern fündig zu werden. Tage vor Fronleichnam hatte ich schon Ausschau gehalten, wo möglichst viele Feld- und Wiesenblumen zu finden waren. Und so schleppte ich reiche Beute heim.

Was für eine stolze Leistung, den Blumen die Köpfe abzureißen! Als ich älter wurde, machte mir das Blumensammeln keine Freude mehr. Ich war sicher, der liebe Gott wäre lieber mit seinen braunen Jesuslatschen durch die Wiesen gewandert als in der Monstranz über die kunstvoll zurechtgelegten Blumenteppiche getragen zu werden. Als ich das einmal sagte, bekam ich Schelte. "Für den lieben Gott ist nichts zu schade" hieß es. Und richtig, tatsächlich schien nichts zu viel Mühe und Arbeit zu sein. Fast das ganze Dorf war bis spät am Abend auf den Beinen. Männer schleppten junge Birkenbäumchen heran die gerade die ersten Blättchen entwickelt hatten, um damit den Kirchplatz zu schmücken. Andere halfen an markanten Stellen im Dorf die Altäre aufzubauen.

Doch vorher mussten noch die Blumenteppiche gelegt werden und nicht jeder beherrschte diese Kunst. Aus dem reichlich vorhandenen Blumen-material und buntgefärbtem Sägemehl wurden Muster und Ornamente geformt, die die Blumenteppiche vor den Fronleichnams- Altären erst zu einem Kunstwerk machten.

Die Frauen holten die Fähnchen vom Dachboden und die schon seit Tagen gestärkten Spitzendeck-chen wurden gebügelt, Vasen und Krüge mit Blumen gefüllt, Kruzifixe auf Hochglanz poliert und das alles für den Tag, an dem der Pfarrer unter dem Baldachin schreitend die Monstranz durch die Straßen tragen würde.

Voller Staunen standen wir Kinder am Rande des Geschehens und die hektische Geschäftigkeit er-weckte große Vorfreude auf den nächsten Tag.

Diese ganz besondere Fronleichnamsstimmung gab es so nur einmal im Jahr.

Himmel oder Hölle?

Ich wusste, dass der Liebe Gott nicht nur als Herrscher und König, sondern auch als Richter fungierte. Er war es, der darüber entschied, ob uns nach unserem Tode Zugang zum Himmel gewährt würde oder nicht.

Veranschaulicht am Bild einer Waage wurde uns im Religionsunterricht gezeigt, wie unsere Taten, - die guten sowie die schlechten, – am Jüngsten Tage akribisch genau gegeneinander aufgewogen würden. Da gab es kein Schummeln und Vertuschen. Wehe, wenn die Waagschale des Bösen sich als übergewichtig erwies, denn dann drohte die ewige Verdammnis.

Eine einzige gute Tat konnte demzufolge darüber entscheiden, ob wir im Himmel jubilieren oder in der Hölle schmoren würden. Wie ein Damokles-schwert überschattete diese Vorstellung meine kindliche Welt, denn ich hatte das mit eigenen Augen gesehen.

Wir besaßen ein altes Buch und immer, wenn ich krank war, durfte ich darin herumblättern. Die dort abgebildeten farbigen Bilder hatten große Wirkung auf die Psyche eines phantasievollen, ängstlichen Kindes. Gleich schon auf der allerersten Seite residierte Gottvater auf dem Thron und sein dunkelrot wallendes Gewand und der weiße Rauschebart gefielen mir außerordentlich gut. Er sah ein wenig wie der Nikolaus aus und das machte ihn mir sehr sympathisch. Überall schwebten Engel: Zu Gottes Haupt, zu Gottes Linken und zu seiner Rechten. Man sah, diesen himmlischen Wesen ging es sehr gut.

Weniger gut hatten es jedoch die armen Seelen im Fegefeuer, die sich am unteren Bildrand herumquälten, die Hände flehend ausgestreckt. Doch der liebe Gott ignorierte sie, sein Blick hing an den Auserwählten, den Gerechten, die ihn Lob singend mit Harfen und Zimbeln erfreuten.

Auf der nächsten Seite des Buches ging´s aber erst so richtig los. Für mein kindliches Gemüt war es die reinste Hölle und um die ging es dort auch.

Fürchterlichste Feuersglut, grelle, rotgelbzüngelnde Flammen von all überallher und mittendrin die armen sündigen Menschenkinder, vom Teufel hämisch ausgelacht. Kein Zweifel, das hier war Hölle pur! Ich konnte den Anblick kaum ertragen, denn die Gesichter waren verzerrt, die Augen angstvoll aufgerissen und von überall her züngelten an ihren Körpern die Flammen. Ich konnte mir lebhaft vorstellen, wie weh das tat, denn ich hatte mir doch kürzlich erst an einem Kochtopf die Finger verbrannt.

Wo, wenn nicht hier, hätte der liebe Gott schnellstens eingreifen müssen, um den armen Seelen zu helfen?

Ich kam zu dem Schluss, dass die, die dort schmorten, wohl zu Lebzeiten nicht genug investiert hatten um den lieben Gott gnädig und milde zu stimmen. Im Klartext bedeutete das für mich: sie hatten nicht genügend gebetet und gute Taten gesammelt.

Meine kindliche Phantasie entwarf nun ganze Strategien von Maßnahmen, Gott wohlgefällig zu sein. Jede sich bietende Gelegenheit wurde fortan noch eifriger beim Schopf gepackt. Ich hortete gute Taten wohlwissend um den gnadenlosen Richter dort oben.

Was den wahren Christen auszeichnet

Es gab ein Gebet, das ich sehr fürchtete. Wenn ich es in der Kirche hörte, bekam ich Gänsehaut und fror mitten im Sommer.

In bewegten Bildern sah ich das, was der Pfarrer uns in der sonntäglichen Nachmittags-Andacht vorlas:

"Welch ein Graus wird sein und Zagen,

wenn das Buch wird aufgeschlagen,

treu darin ist eingetragen

jede Schuld aus Erdentagen.

Nichts kann vor der Strafe flüchten.

Weh, was werd ich Armer sagen

wenn Gerechte selbst verzagen!

König schrecklicher Gewalten,

frei ist deiner Gnade Schalten.

Zwar nicht würdig ist mein Flehen,

doch aus Gnade laß geschehen,

dass ich mög der Höll entgehen."

Das Schlimme war, dass ich jedes einzelne dieser Worte glaubte. Auch ein weniger zartbesaitetes Kind wäre verängstigt gewesen, zumal der Pfarrer noch eins draufsetzte indem er von der Kanzel herunter donnerte: *"Wer nicht glaubt, der wird verdammt werden!"*

"Ständiges Bemühen um Frieden und Barmherzigkeit," so hatten wir im Religionsunterricht gelernt, *"zeichnet den wahren Christen aus."*

Und solch einer wollte ich sein!! Dieses Bemühen sollte lange Jahre zu meiner zweiten Natur werden.

Nächstenliebe, so wusste ich, war sozusagen die Visitenkarte eines guten Christen. *"Liebe deinen Nächsten wie dich selbst"* so lautete das Gebot. Je mehr ich darüber nachdachte, je mehr kam ich zu dem Schluss, dass dies eine ganz und gar unrealistische Forderung war. Den Menschen mochte ich sehen, dem das Wohl der Anderen genauso wichtig war wie das eigene. Mit der Barmherzigkeit hatte ich weniger Mühe. Nicht selten geschah es, dass ich frühmorgens auf dem

Schulweg einen sich krümmenden Regenwurm auf der Straße sah und in den schützenden Graben transportierte, denn ich wollte unter allen Umständen barmherzig sein. Ich graulte mich davor, diesen halbtoten Wurm anzufassen. Mit einem Stöckchen versuchte ich, ihn aus der Gefahrenzone der Autos herauszubringen. Das tat dem armen Tier nicht gerade gut. Wenn es gar nicht anders ging und der Wurm immer wieder vom Stöckchen herunterfiel, hielt ich die Luft an, kniff die Augen zusammen und nahm ihn widerstrebend in die Hand. Ich war ganz sicher, dass der liebe Gott diese heroische Tat nun noch höher bewerten würde.

Apropos Barmherzigkeit: Es gab eine alte Frau im Ort, die seit Jahren vollkommen schief nur mit Hilfe von Krücken gehen konnte. Als wir in der Schule über Nächstenliebe und Barmherzigkeit sprachen, erwähnte der Pfarrer sie und machte Vorschläge, wie wir Kinder ihr helfen könnten. Obwohl ich diese mürrische und dauernd schimpfende Frau nicht mochte, ging ich zu ihr und bot ihr meine Dienste an.

Selbst als ihre Aufträge mein ästhetisches Empfinden stark belasteten, traute ich mich nicht, das Werk der Nächstenliebe frühzeitig zu beenden. Das Bestreben, auf diese Weise Vorsorge zu treffen für die Stunde X war stets in meinem Bewusstsein.

Einige Jahre später, wir waren mittlerweile vom Dorf in die Stadt gezogen, erlebte ich Ähnliches. Die Abschlussklasse der Schulmädchen wurde von der Krankenhausleitung gebeten, ein- oder zweimal im Monat sonntags im Krankenhaus auszuhelfen. In mir schrie alles „nein". Nichts wollte ich weniger als mit Kranken zusammen zu sein. Dennoch meldete ich mich freiwillig. Ich überging das eigene Empfinden und hatte nicht den Mut, zu tun oder zu sagen, was **ich** wollte.

Daraus resultierte in zunehmendem Maße mein Unvermögen, „nein" zu sagen, mich durchzusetzen und wenn nötig, auch um Dinge streiten zu können. Die Neigung, jeder Auseinandersetzung und jeder lauten Diskussion aus dem Weg zu gehen, macht mir heute als Erwachsene immer noch zu schaffen.

Eintrittskarten für die Seligkeit

Ich war im dritten Schuljahr und machte mir so meine Gedanken über das opfern. Mit Argusaugen beobachtete ich das obligatorische Körbchen, (auch Klingelbeutel genannt) das während der hl. Messe gewohnheitsmäßig von Person zu Person und von Bank zu Bank weiter-gereicht wurde. Fast jeder warf etwas in das Körbchen hinein. Manchmal lagen dort auch Knöpfe, einmal sogar ein entwerteter Fahrschein für den Omnibus.

Was eine Kollekte war hatte mir noch keiner erklärt. Wohl aber sah ich, wie die Mutter einen Geldschein aus der Manteltasche zog und ihn mit einem schweren Seufzer in das Körbchen legte. Wie schwer mochte es ihr fallen, vom Wenigen, das wir hatten, so viel abzuzwacken. Nach dem Grund des großzügigen Opfers befragt sagte sie: „Wir brauchen jetzt ganz besonders Gottes Segen. Vater ist krank und muss schnell wieder gesund werden."

Für mich stand fest: Wer arm war, hatte weniger Chancen, Hilfe vom lieben Gott zu bekommen. War das gerecht? Er war nicht nur mächtig, streng und allwissend, er konnte nicht nur Gedanken lesen, ließ nicht nur die armen brennenden Seelen im Stich, er war auch noch bestechlich und nahm Geld für seine Mühen! Pfui Teufel aber auch!

Wie denn sonst waren die Ablässe und Opfergaben zu verstehen, von denen ich schon des Öfteren gehört hatte?

"Wenn das Geld im Säckel klingt, die Seele aus der Hölle springt." So sagten die Leute und sie mochten es tatsächlich auch geglaubt haben. Dachten sie, dass mit der Summe des geopferten Geldes die Vergebung ihrer Schuld beschleunigt oder erst ermöglicht wurde? Glaubten sie wirklich, dass eine Opfergabe Gott gnädig stimmen würde?

Ich kannte die Geschichte aus dem Alten Testament, in dem ein Vater seinen Sohn als Opfergabe darbringen soll, - von keinem anderen als von Gott befohlen.

Engelssehnsucht

Irgendwann, -- aber erst wenn ich uralt war, wollte ich unbedingt in den Himmel kommen zu all den Engeln mit den Harfen, - wollte gehören zu denen, die um Gottes Thron standen so wie ich es in dem dicken Buch gesehen hatte.

Ein Engel zu werden war das Höchste und Schönste, was ich mir vorstellen konnte.

Ich wusste um die Gefühle eines Engels. Einen Vorgeschmack hatte ich bekommen beim weihnachtlichen Krippenspiel in der Schule. Ich durfte den Verkündigungsengel spielen, der den Hirten auf dem Feld die Geburt des Jesuleins in Form eines Weihnachtsliedes mitteilte. Aufgrund meiner langen blonden Zöpfe war ich dazu bestens geeignet; denn wer ein Engel sein will, muss blondwallende Haarpracht und ein langes weißes Gewand haben. So dachte ich jedenfalls.

Mit beidem konnte ich aufwarten. So sehr mich meine langen blonden Zöpfe auch oft genug gestört hatten wenn meine Mutter sie nach dem Waschen auskämmte, jetzt fand ich sie toll. Eine Einschränkung gab es jedoch, denn statt des erwünschten langen Gewandes besaß ich nur ein langes zart rosafarbenes Nachthemd. Es hatte einen schönen breiten Volant unten am Saum und auch oben am Hals eine schöne weiße Spitze, denn meine Mutter verstand sich sehr gut aufs Nähen. Ich aber wusste: es war ein Nachthemd.

Trotzdem, - oder aus meiner heutigen Sicht gerade deswegen - war ich ein richtig schöner Engel. Im Gedichte aufsagen war ich immer gut und das kam mir in meiner Eigenschaft als Himmelsbote zugute.

Aber auch einem Engel fällt nichts in den Schoß, auch er muss pauken und auswendig lernen. Diese Erfahrung musste ich vor meinem Auftritt wohl oder übel machen.

Das Weihnachtslied „Vom Himmel hoch da komm ich her" hatte einige Strophen und nur die erste kannte ich auswendig. Deshalb musste ich daheim immer und immer wieder üben, denn meine Mutter wollte auf Nummer sicher gehen und sich nicht mit mir blamieren. Bis zum heutigen Tage ist mir das Lied in Erinnerung.

Trotz des nervenaufreibenden Übens überwog zum Schluss dann doch das wunderbare Gefühl, ein Engel zu sein. Noch im Nachhinein kann ich nachempfinden, wie ich dort im bodenlangen Nachthemd stand, die frischgewaschenen glänzenden Haare ausnahmsweise einmal nicht in feste dicke Zöpfe geflochten, sondern lose über den Rücken hängend. Was war ich doch ein schöner Engel!

Ich glaubte an Engel, auch noch als ich größer wurde. Einen Schutzengel, so hatte meine Mutter gesagt, bekäme jeder Mensch bei der Geburt mit auf den Weg. Und richtig, wie oft war ich mir seiner Gegenwart sicher gewesen. Immer dann, wenn ich mich fürchtete und seine Unterstützung dringend benötigte, glaubte ich fest daran, dass er mir helfen würde. Wenn ich seine Dienste nicht brauchte, hielt sich mein himmlischer Bodyguard still und verlässlich im Hintergrund.

Ganz selbstverständlich nahm ich das Recht für mich in Anspruch, mein Engel warte geradezu darauf, von mir zu Hilfe gerufen zu werden. So vertrauensvoll und naiv können nur Kinder glauben. Erwachsene haben es da schwerer.

Heute bin ich sicher, dass ich oft genug einen "Schutzengel" hatte, denn Engel haben viele Gesichter und manchmal ist es schwer, einen als solchen zu erkennen. Da sind keine wallenden Haare, kein langes Gewand und auch keine Engelsflügel, nichts von all dem kennzeichnet den Himmelsboten.

Kann sein, dass er auf der Straße durch sein rücksichtsvolles Verhalten einen schweren Unfall verhüten hilft. Möglich, dass er einem Lebensmüden wieder Halt und Stütze gibt. Ganz sicher finden wir ihn dort, wo Zivilcourage und Mut Menschen vor Schaden bewahrt, auch dort, wo unter Einsatz des Lebens anderen Menschen geholfen wird.

Engel bringen Licht ins Dunkel, sie tun uns gut und wir glauben trotz allem Unglück in der Welt wieder an das Gute im Menschen. Wer weiß, vielleicht muss man an Engel glauben, sonst verbergen sie sich und bleiben im Dunkel der Zeit.

Glaube versetzt Berge! Glaube erschafft möglicherweise auch Engel.

Strohhalme fürs Jesulein

Die Vorweihnachtszeit war wie kaum eine andere geeignet, gute Werke zu sammeln. Einem alten Brauch zufolge durften wir für jede gute Tat einen entsprechend kurzgeschnittenen Strohhalm in das noch leere, hölzerne Krippchen legen, das der Vater gebastelt hatte. Brachten wir keine entsprechenden Opfer, so musste das arme Jesulein am Weihnachtstag in einer harten, ungepolsterten Krippe liegen. Welche Schande, da wir es doch in der Hand hatten, ihm ein kuschelig weiches Bettchen aus Strohhalmen zu bereiten.

Fürs Geschirrspülen gab es drei Strohhalme, für Milch holen zwei, fürs Schuhe putzen je nach benötigtem Aufwand drei, für den Verzicht auf Süßes jeweils einen Strohhalm.

Dass wir im Laufe der vierwöchigen Adventzeit auch manches Mal unbemerkt von den Augen der Mutter einen Strohhalm einfach so ins Krippchen legten, war Grund genug, selbst noch am glückseligen Weihnachtsfest von Gewissens-bissen geplagt zu werden. Hatten wir doch bei der Bescherung wieder einmal in unverdienter Weise

Gottes Güte erfahren, denn fast alles, was wir uns gewünscht hatten, lag auf dem Gabentisch.

Dass das Christkind und der liebe Gott ein und dieselbe Person waren, konnte ich zwar nicht verstehen, wollte es aber gerne glauben. Außerordentlich erstaunlich war, dass der allmächtige Gott sich höchstpersönlich dazu herabgelassen hatte, meiner Schwester und mir einen wunderbaren Brief in Schönschrift und mit hellblauer Tinte zu schreiben. Möglicherweise hatte er aber einen Sekretär, der für ihn das Schriftliche erledigte, das war so bei allen großen Chefs der Welt.

Als der Postbote den Brief vom Himmel zwei Wochen vor dem Fest brachte, herrschte helle Aufregung. Deutlich hob sich das Kuvert von der üblichen Post ab. Man sah ihm schon von weitem an, woher er kam, denn der weiße Umschlag war mit kleinen blauen Sternchen übersät. Er war abgestempelt am 12. Dezember, Poststempel „Himmel". Mit zitternden Händen öffneten wir den Umschlag, drehten und wendeten den Brief und schnupperten sogar daran.

Das Christkind schrieb, wir wären sehr liebe Kinder gewesen und es hoffe sehr, dass wir das auch in Zukunft bleiben würden. Sehr wohl sähe es vom Himmel aus, wie sehr wir uns bemühten, brav und wohlerzogen zu sein. Zur Belohnung würden wir zum Weihnachtsfest reich beschenkt werden, auch wenn unser Wunschzettel ein wenig zu lang sei.

Also fingen meine Schwester und ich an zu streichen. Dass Spielsachen teuer waren, wussten wir. Die Frage war: Woher nur nahm das Christkind all das Geld? Wo mochte es seine Einkäufe tätigen? Als Antwort kam immer das geheimnisvolle Lächeln der Mutter.

Was wir nicht wussten: Es gab tatsächlich einen Ort namens „Himmel". Wo sich dieser befand entzieht sich meiner Kenntnis.

"Nun müsst ihr aber auch schön brav sein", hieß es nach der weihnachtlichen Bescherung - "jetzt, wo ihr so viel vom Christkind bekommen habt".

Ja, das sah ich wirklich und wahrhaftig ein und bemühte mich entsprechend, weiterhin Gott wohlgefällig zu sein. Auch die ernsthaftesten Vorsätze hielten nicht sehr lange an. Bald schon befand ich mich wieder im sich stetig wiederholenden Kreislauf von gutem Willen und schlechtem

Gewissen, der mich noch lange in seinen Fängen halten sollte.

Tut mir leid, lieber Gott

Als wir eines schönen Tages in der Schule über die Beichte sprachen, rückte sich manches für mich in ein gänzlich anderes Licht. Zu meiner großen Erleichterung erfuhr ich, dass der gestrenge Herrgott sehr wohl auch Milde und Verständnis zeigen konnte. Man musste nur in der Beichte reuig seine Sünden bekennen und sich sozusagen bei Gott entschuldigen.

Doch mit "Tut mir leid, lieber Gott" war es leider nicht getan. Man musste zur Beichte gehen und die Strafe, auch als Buße bezeichnet, willig und freudigen Herzens auf sich nehmen. Dafür, dass man sich durch die Beichte wieder von Sünden reinwaschen konnte, schien mir die auferlegte Buße das kleinere Übel zu sein.

So stand ich bald schon im zugig kalten Kirchenschiff und wartete bangen Herzens darauf, in den Beichtstuhl gerufen zu werden. Dort hinter dem schön gefältelten dicken lilafarbenen Filzvorhang saß stellvertretend für Gott der Pastor auf einer Holzbank, nur durch ein Flechtgitter vom Beichtenden getrennt. Man musste flüstern, laut genug, damit der Stellvertreter Gottes hören konnte was man alles verbrochen hatte, aber leise genug, dass die wartenden und grinsenden Schulkameraden in den Bänken nichts mitbekamen. Das war nicht einfach, denn manchmal nahm ein in die Jahre gekommener dickbauchiger Pater die Beichte ab. Wir kannten ihn alle und mochten ihn gut leiden, gutmütig und freundlich wie er war. Doch leider war er ziemlich schwerhörig und so wurde man schon gleich zu Beginn des Beichtens aufgefordert, doch bitteschön ein bisschen lauter zu sprechen.

"Wie oft hast du das getan? Einmal? Mehrmals?" Seine laut geraunten Fragen blieben den gespitzten Ohren der wartenden Schulkameraden natürlich nicht verborgen. Schamröte schoss mir ins Gesicht, denn es war ein himmelweiter Unterschied, seine Vergehen schuldbewusst herunter zuflüstern oder sie laut vernehmlich für unbefugte Ohren zur Schau zu stellen.

Fakt war: Im Beichtstuhl half kein Vertuschen und keine noch so gut ausgedachte Entschuldigung, hier musste man Farbe bekennen. Nicht selten schlotterten mir die Knie und ich fühlte mich wie ein Delinquent auf dem Weg zum Schafott. Der Druck ließ erst nach, wenn ich die Buße gewissenhaft verrichtet hatte. Die drei Vaterunser waren schnell herunter gerattert. Gott sei Dank, nun hatte ich wieder für einen Monat Ruhe und fasste die allerbesten Vorsätze.

Als ich größer wurde, machte ich es mir zur Angewohnheit, abends im Bett über den zu Ende gegangenen Tag nachzudenken. Alle Ereignisse ließ ich noch einmal vor meinem inneren Auge Revue passieren und dachte darüber nach, ob oder wie ich hätte anders reagieren können.

Grausamer geht's nicht

Vor dem Gott des Alten Testaments hatte ich große Angst. Er regierte mit unerbittlicher Strenge, verlangte schier Unmenschliches von den Seinen wie beispielsweise das eigene Kind zu opfern.

"Nimm deinen Sohn, den einzigen, und bring ihn als Brandopfer dar," hatte er Isaac ohne jegliches Mitgefühl befohlen.

Dem lieben Gott machte es anscheinend auch nichts aus, die Ägypter im Roten Meer Mann für Mann jämmerlich ertrinken zu lassen. Er ließ Menschen zu Salzsäulen erstarren und auf Frevler regnete es Feuer und Schwefel.

"Ich bin nicht gekommen den Frieden zu bringen, sondern das Schwert", hatte der Pastor laut vorgelesen. und

"Wer nicht für mich ist, ist gegen mich."

Geradezu erschüttert war ich von den Gewalt-tätigkeiten, die in Gebeten, vornehmlich in den Psalmen zum Ausdruck kamen. *„...Er lasse glühende Kohlen auf sie regnen. Er stürze sie* *hinab in den Abgrund, so dass sie nicht wieder aufstehen."*

Mir kam es so vor, als hätte Gott im Alten Testament all das getan, was er uns heute bei Strafe verbot. Grausamer als ER konnte kaum ein Mensch sein. Wie verhielt sich das zu dem, was uns der Religionslehrer über den lieben Gott erzählt hatte?

Das schiefe und verzerrte Bild rückte sich im Neuen Testament wieder etwas gerade. Da hörte ich vom Gott der Barmherzigkeit, der sich aufopferte und für uns Sünder am Kreuz gestorben war. Das machte mich traurig und bedrückte mich. Ich hatte das Gefühl, dass ich mitschuldig war an seinem Tod. Einigermaßen beruhigt war ich dann doch, als ich hörte, dass er Ostern wieder auferstanden war und nun im Himmel bei Gott Vater wohnte.

Und dann gab es ja auch noch den Heiligen Geist in Gestalt einer weißen Taube. Unter dem Begriff „Dreieinigkeit" konnte ich mir als Kind ebenso wie heute als Erwachsene nichts vorstellen.

Je mehr ich über Gott nachdachte, je mehr begriff ich, dass er ein sehr vielgestaltiges Wesen sein musste. In meiner Vorstellung war der liebe Gott, obwohl männlichen Geschlechts, kein Mensch, aber auch kein Geist und das war das Vertrackte an der ganzen Sache.

Außer seiner Residenz hoch oben im Himmel hatte er ja auch noch einen Wohnsitz in der Kirche. Es gab dort ein seltsam aussehendes, goldenes Ding, was sich Monstranz nannte. Da drin, so hieß es, wohne er in Form einer großen weißen Hostie. Ich konnte so genau hinschauen wie ich wollte: Alles was ich sah, war ein weißes rundes Etwas, flach wie die Oblate, wie sie die Mutter Weihnachten zum Plätzchen backen verwandte.

Da hatte sich der große gewaltige Gott aber auf ein Minimum reduziert, ich konnte es kaum glauben.

Nie begriff ich, was sich während der hl. Messe da oben am Altar tat, wenn der Priester die Hostie hochhielt und geheimnisvolle Worte flüsterte. Es muss wohl eine Art Zauberformel gewesen sein, denn bei der Wandlung, so hieß es, verwandle sich die Hostie in den Leib Christi und aus dem Wein, den die Messdiener in den juwelen-besetzten goldenen Kelch geschüttet hatten, wurde Gottes Blut. Wenn das wirklich stimmte, dann war unser Pastor ein Verwandter Draculas. Er trank den Kelch, in dem sich Christi Blut befand, ratzeputz leer und tupfte sich anschließend genüsslich mit einer großen weißen Serviette den Mund ab. Es schien ihm geschmeckt zu haben.

Mir aber blieb vor Staunen der Mund offen.

Mein schönster Tag?

Als Nachkriegskind hatte ich schnell begriffen, dass wir jeden Pfennig dreimal umdrehen mussten, ehe er ausgegeben wurde.

Wir hatten selten Besuch, höchstens am Allerheiligentag, wenn zwei Tanten mit ihrer Familie aus der nahe gelegenen Stadt das Grab meiner Großeltern väterlicherseits besuchten. Umso mehr freute ich mich, dass zu meiner Erstkommunion ein richtiges Fest mit allen Verwandten gefeiert werden sollte.

Schon lange vorher hatte die Mutter in eine eigens dafür vorgesehene ausrangierte Zuckerdose ihre Spareinlagen getätigt und die sollten für mein Erstkommunionsfest ausgegeben werden.

Ein für unsere Verhältnisse recht teures weißes Spitzenkleid wurde in Aachen gekauft. Passend dazu brauchte ich noch ein spitzenbesetztes weißes Seidentuch, das wurde um das untere Ende der goldverzierten teuren Kommunionkerze geschlungen, sodass es elegant über die kleine Erstkommunikantenhand fiel. Des Weiteren gehörten zur Ausstattung noch eine weiße Strumpf-hose und ein kleines Stoffbeutelchen für das Taschentuch.

Doch das war noch nicht alles. Nicht zu verges-sen, die weißen Schuhe für den ersten, und die schwarzen Lackschuhe für den zweiten Kommu-nion-Feiertag. Je nach Witterungslage kam noch ein weißes Angorajäckchen hinzu, denn es war schon vorgekommen, dass es am "Weißen Sonntag" geschneit hatte.

Für den zweiten Tag bekam ich ein dunkelblaues wunderschönes Samtkleid mit einer tollen Schleife an der Taille von einer Näherin des Dorfes genäht, obwohl meine Mutter das ebenso schön hingekriegt hätte. Aber sie hatte alle Hände voll zu tun und konnte nicht auch noch ein Kleid für mich nähen.

Der Kauf des weißen Kommunionkränzchens für den Kopf war das absolute Highlight. Eine große Auswahl von Haarkränzchen wurde uns vorgelegt und als ich die Preisschildchen sah, warf ich meiner Mutter einen besorgten Blick zu. Verlegen setzte ich das obligatorische weiße Schmuckstück auf den Kopf. Für mein Dafürhalten sah ich mit den eigens dafür hochgebundenen Zöpfen geradezu blöd aus, doch gegen den Geschmack der Großen hatte ich kaum eine Chance. Ich wollte viel lieber weiße Taftschleifen um meine langen Zöpfe binden. Nach nervigem Hin und Her schlossen wir einen Kompromiss: In der Kirche müsse ich das Kränzchen tragen, zuhause aber durfte ich es ausziehen und mich stattdessen mit den Schleifen schmücken. Der Tag war gerettet!

Beladen mit Tüten und Kartons kamen wir abends müde und finanziell abgebrannt heim. Das nun war die unumgängliche Standardausrüstung des weiblichen Kommunionkindes. Bei den Männlichen wurden meines Erachtens nicht so viele Umstände gemacht. Sie bekamen ihren ersten dunklen Anzug und ein weißes Hemd dazu. Als einzigen Schmuck wurde ihnen eine Samtfliege um den dünnen Jungenhals gebunden. Das grünweiße Myrrhenkränzchen fürs Jackenrevers war fast noch wichtiger.

Ich war froh, ein Mädchen zu sein, denn die Verkäuferin hatte gemeint, ein Mädchen könne man „besser herausputzen" als einen Jungen.

Neben einem so fein herausstaffierten Kommunionkind wären das abgetragene Kostüm der Mutter und der altmodische Fischgrätmantel des

Vaters noch mehr aufgefallen. Wollte man sich nicht blamieren, mussten wohl oder übel auch hier neue Klamotten her. Allein schon die Kleiderfrage der Familienmitglieder kostete ein kleines Vermögen. So wurde für den schönsten Tag des Lebens eine ganze Menge Geld ausgegeben, ob man es hatte oder nicht.

Die Zuckerdose blieb noch lange leer.

Irgendwann war es dann soweit. Der Kommuniontag stand vor der Tür. Wie klangvoll hatten die Glocken zum feierlichen Hochamt gerufen. Wie schön war die Prozession der kleinen Jungen und Mädchen, die zum ersten Male den Leib des Herrn empfangen sollten. Wie andächtig, wie ehrfurchtsvoll schritten sie dahin: Durch das Hauptportal den Mittelgang hinauf, stolz beobachtet von der Familie und den geladenen Gästen.

Die Kirche war proppenvoll. Mächtig dröhnte die Orgel und in Zweierreihen näherten wir uns dem Hochaltar, wo wir später aus des Priesters Hand erstmalig die heilige Kommunion empfangen sollten. Das hatten wir eine Woche vorher im Kommunionunterricht geprobt, natürlich ohne Hostie, denn sie war ja der Leib Christi und mit dem durfte man nicht üben. Und dann kam endlich der große Augenblick, auf den ich schon lange gewartet hatte. Aber o Schreck, die für den kleinen Kindermund viel zu große Hostie wurde mir feierlich auf die Zunge gelegt und andachtsvoll schlug ich die Hände vor das Gesicht, das hatten wir nämlich auch geübt.

Aber nun wurde es schwierig! Die Hostie blieb auf der Zunge liegen und löste sich nicht auf wie sie es eigentlich sollte. Was nun? Den Leib des Herrn zwischen die Zähne zu nehmen wäre meines Erachtens nach Frevel gewesen. Warum blieb Gott mir so lange am Gaumen kleben und wollte partout nicht heruntergeschluckt werden? Die vor das Gesicht gehaltenen Hände erschwerten mir die Sicht auf die anderen Kinder, vielleicht ging es denen genauso wie mir?

Woran ich mich noch ganz genau erinnere, ist das verzweifelte Bedürfnis zu lachen. Man stelle sich das einmal vor: Oben am Altar stehend, auf dem Präsentierteller der Gemeinde, die Kirche rappelvoll, ein Unding ohnegleichen. In meiner Not stellte ich mir vor, meine über alles geliebte Mutter sei tags zuvor gestorben. Ich hoffte verzweifelt, dieser furchtbar traurige Gedanke würde mich von meinem Lachzwang befreien. Mitnichten.

Ich sah meine Mutter in der ersten Reihe, Gottlob lebendig, die grünschillernde Feder ihres neuen schwarzen Filzhutes wippte hin und her, als sie mir ärgerlich bedeutete, mich zu benehmen. Das aber bewirkte genau das Gegenteil: ich prustete laut los und versuchte die Schmach durch einen vorgetäuschten Hustenanfall zu übertönen. Der Pfarrer drehte sich entrüstet um und schaute mich strafend an. Da erst blieb mir das Lachen in der Kehle stecken, kannte ich doch seine Zornausbrüche.

Daheim hieß es, noch nie im Leben habe man sich so für mich geschämt wie an diesem meinem Erstkommunionstag. Trotz oder gerade wegen des Besuches wurde tüchtig mit mir geschimpft. Ich war statt glücklich zu sein völlig fertig. Abends im Bett dachte ich enttäuscht "Na ja, wenn das der schönste Tag in meinem Leben gewesen sein soll."

Ich konnte die erniedrigende Ohrfeige nicht verkraften, die mir nach der feierlichen Messe für meinen Lach- Ausrutscher verpasst worden war.

Ferner durfte ich auch nicht die diversen Pralinenpackungen behalten, die man mir im Laufe des Tages geschenkt hatte.

Die Rollschuhe, ein Geschenk der Tante, passten mir nicht und wurden bis auf weiteres weggestellt. Nur den Schul-Farbkasten durfte ich behalten, obwohl ich gar keinen neuen gebraucht hätte. Ich hatte ein paar neue Kinderbücher und - spiele bekommen, zudem zwei weiße Hortensien im Topf mit goldener Schleife, - darauf stand:

Für den schönsten Tag des Lebens

Zweifel

Ich schreckte eines Sonntags bei der Predigt gehörig auf, als ich den mir immer in Erinnerung bleibenden Satz hörte: *"Wer Vater oder Mutter mehr liebt als mich, ist meiner nicht wert."*

Mir war klar, dass Gott genauestens im Bilde war, dass ich meine Eltern mehr liebte als ihn. Er hatte mich noch nie in den Arm genommen und mich getröstet wie es meine Mutter tat, wenn ich traurig war. Er machte mir keinen feuchten Wickel um den Hals wie es der Vater machte, wenn ich krank war. Der liebe Gott nähte mir und meiner großen Puppe auch keine schönen Kleider wie es die Mutter jedes Jahr zu Weihnachten tat.

Unmöglich, - den lieben Gott konnte ich nicht so lieben wie die Eltern. Das war jedoch nicht alles, was mir in zunehmendem Maße zu schaffen machte. In letzter Zeit lag ich immer öfter mit dem lieben Gott im Clinch.

In der Nachbarschaft war ein Baby gestorben. Ich hatte es in seiner Wiege liegen sehen und es sah so schön aus, als hielte es nur ein kleines

Nickerchen. Die winzigen Fäustchen hielt es geballt und ich konnte die hauchzarten Fingernägel sehen und dachte: Was für ein wunderschönes Kind ist das.

Ich war überrascht, wie lang die dunklen seidenweichen Härchen waren, denn das Baby war erst ein paar Tage alt. Das weiße Strickwestchen war ihm noch viel zu groß und es musste noch hineinwachsen. Aber, so hatte mir die Nachbarin vor ein paar Tagen versichert, da würde es ganz schnell hinein passen.

Ich wunderte mich, warum alle weinten, bis ich schließlich begriff, dass das Baby tot war.

Ein paar Tage später ging ich mit meiner Mutter über den nahe gelegenen Friedhof. Als erstes besuchten wir das Grab der Großeltern. Dann bat ich sie, mit mir über den Kinderfriedhof zu gehen, denn der hatte es mir immer schon angetan. Dort standen keine langweiligen dunklen Grabsteine wie auf dem Erwachsenenfriedhof, sondern schöne weißgestrichene kleine Holzkreuze. Aber mehr noch gefielen mir die Texte darauf. Auf einem dieser kleinen Gräber war ein Foto des verstorbenen Kindes zu sehen mit der Inschrift: "Unser kleiner Liebling ist nun ein Engel." Ich hatte keine Mühe, mir das kleine Mädchen an Gottes Seite vorzustellen.

Ich wusste ganz genau, wie viele der kleinen Grabstätten sich dort befanden. Es waren 18 Stück und jedes einzelne kannte ich. Aber wo, so fragte ich mich, lag das kürzlich verstorbene Baby der Nachbarin? Ich ging die weißen Grabkreuze durch. Es war kein neues hinzugekommen. Unbedingt wollte ich von der Mutter wissen, wo das Grab dieses Babys war.

"Es war leider noch nicht getauft", seufzte sie, "deshalb durfte es nicht kirchlich beerdigt worden."

Sie dachte wohl auch an den jungen Mann einer Bekannten, der ebenso wie das Baby nicht kirchlich begraben worden war. Er war ein fröhlicher Junge gewesen, wir kannten ihn gut. Seine Mutter war eine freundliche Frau, die freitags die Kirchenzeitung austrug und deren Mann im Krieg gefallen war. Als ihr fast erwachsener Sohn von einem Tag auf den anderen schwer krank wurde und es sich herausstellte, dass er an einer heimtückischen, unheilbaren Krankheit litt, machte er seinem Leben mutig ein Ende. Nun hieß es, er sei ein

Selbstmörder und habe eine schwere Todsünde begangen. Sein Leben sei von Gott gegeben und nur dieser dürfe es auch wieder nehmen. Ich verstand das nicht und meine Mutter ganz sicher auch nicht.

Ebenso wenig wollte es mir in den Kopf, dass evangelische Kinder schlechter sein sollten als katholische. Seit ein paar Wochen kannte ich ein Flüchtlingsmädchen aus der DDR, das mit seinen Eltern in unseren Ort gezogen war.

Marianne saß vom ersten Tag an ganz alleine hinten in der letzten Schulbank. Kein Kind wollte sich zu ihr setzen. Erstens sprach sie komisch und zweitens war sie von "drüben" und drittens, noch viel schlimmer, war sie nicht katholisch wie wir.

Wenn wir Religionsunterricht hatten, musste Marianne das Klassenzimmer verlassen auf Geheiß des Pfarrers. Als ich einmal dringend zur Toilette musste, sah ich sie ganz verloren und allein auf dem leeren Flur stehen. Die gesamte Religionsstunde harrte sie dort aus, bis sie wieder ins Klassenzimmer durfte. Auch das ging gegen meinen Gerechtigkeitssinn und am nächsten Tag setzte ich mich einfach neben sie und wir freundeten uns an.

Der einzige Nachteil an der Sache war, dass fortan kaum noch jemand mit mir sprach. "Mit Protestanten spielt man nicht", - sagten die Schulkameraden. Weder die Lehrpersonen noch der Pfarrer griffen ein, obwohl es immer offensichtlicher wurde, dass dieses Mädchen wie eine Ausgestoßene behandelt wurde.

Die Weichen sind gestellt

Die ausgeprägte, für ein Kind ungewöhnliche Frömmigkeit, verbunden mit der Angst, vor dem lieben Gott nie und nimmer bestehen zu können, erstaunt mich heute nicht mehr. Die Weichen waren gestellt, der Weg vorgegeben.

Wir wohnten als Mieter im Pfarrhaus, unten der Pastor mit seiner Haushälterin und auf der ersten Etage wir, die Familie mit den zwei Töchtern. Hautnah bekamen wir „Kirche" mit und all das gefiel mir gut.

Bezog man außerdem noch in Betracht, dass von den vier Tanten in der Familie zwei ins Kloster gegangen waren, war es kein Wunder, dass auch ich „Gott wohlgefällig" sein wollte. Vaters älteste Schwester war die "Ehrwürdige Mutter Oberin" eines großen Klosters und wenn sie 1x im Jahr zu Besuch kam, war um sie eine Aura von Ehrfurcht und Heiligkeit, die es mir schier unmöglich machte, im ganz normalen Tonfall mit der Frau im schwarzen Ordensgewand zu reden. Wie Vaters Schwester Agnes kam mir die Ehrwürdige Mutter Oberin mit Namen Hyazintha nie vor. Sie war für mich eine unnahbare Respektperson. Die andere Tante hatte gottlob vertrautere Züge, wenngleich sie eher vergeistigt als tantenähnlich waren. Sie war Mutters Schwester und unserem Verständnis näher, denn beide ähnelten sich. Ich wusste, "Schwester Cäcilia vom kostbaren Blut" konnte lachen, auch wenn das nicht allzu oft geschah. Ihr schrieb ich lange Briefe, in denen erzählte ich von dem, was mich alles so bewegte. Ihre Antwortbriefe waren mehr oder weniger immer gleich: Besänftigender Trost, wenn sie Traurigkeit aus meinen Zeilen herauslas und Ermunterung, weiterhin ein braves Mädchen zu sein. Den Briefen legte sie Heiligenbildchen bei, die ich wie eine Kostbarkeit hütete.

Wenige Male nur durften wir sie besuchen, die Zugfahrt dorthin kam mir wie eine Weltreise vor, obwohl es nur bis in den Schwarzwald ging.

Das Leben im Kloster war so ganz anders, als ich es von zu Hause gewohnt war. Mich faszinierte die kleine Klosterkapelle am Berg. Niemals hatte ich einen Ort erlebt, an dem es so schön still und friedlich war. Ringsum im Berghang waren Wiesen voller Zittergras, das ich heute noch liebe. Die Ruhe dort lud mich wie ein warmes weiches

Samtkissen ein, mich dort niederzulassen. Nie war mir Gott so nahe wie dort in der kerzen-flackernden, kleinen Klosterkapelle.

Manchmal öffnete sich die Tür und eine der Ordensschwestern huschte auf leisen Sohlen herein, um hinzuknien und zu beten. Oft genug platzte ich in irgendeine "Anbetung", dann setzte ich mich still auf eine der harten Bänke und hörte zu, wie die Ordensfrauen sangen. Es waren seltsame Gesänge, verhalten und leise und ich hätte stundenlang zuhören können.

Mir wurde wohlig ums Herz und ich empfand etwas, was für mich ganz neu war. Ich war in der schwierigen Phase der Vor- Pubertät und alles war ins Wanken geraten. Nichts war mehr so, wie es vordem gewesen war. Ich war nicht mehr Kind, war aber auch lange noch nicht erwachsen. Mehr und mehr festigte sich zu meinem eigenen Erstaunen der Vorsatz: Ich würde Ordens-schwester werden, genau wie meine Tante. Ich wollte zu denen gehören, die so friedlich sangen und Gott so nahe waren.

Heute weiß ich: dieser Wunsch war eher eine Sehnsucht nach Frieden und Stille, als dass er Berufung war. Natürlich unterstützten die Nonnen mich in diesem Gefühl, sie mochten mich gerne um sich haben. Außerdem fehlte es an allen Ecken und Enden an Nachwuchs.

Lange Spaziergänge und Gespräche mit einem netten Pater, er war Missionar und auf Heimaturlaub, brachten mir das Missionsleben nahe und ich überlegte ernsthaft, ob ich später nicht auch in die Mission gehen sollte, am liebsten nach Afrika!

In dieser Atmosphäre von Freundlichkeit und Frömmigkeit gedieh mein Vorsatz gut, aber nur so lange, wie der Aufenthalt im Kloster dauerte. Wieder daheim verblassten die schönen frommen Gedanken und Gefühle bis auf die Tage, wo ich Post aus dem Kloster erhielt, dann erfuhren sie kurzzeitig eine Wiederbelebung.

Doch damit war Schluss, als meine Tante unheilbar krank wurde. Wie konnte es angehen, dass Gott sie so sehr leiden ließ? Wo blieb sein so viel zitiertes Erbarmen, seine Güte angesichts ihrer Erkrankung?

Als sie im Sterben lag, durften wir sie noch einmal besuchen. Das Schlimmste für mich war, sie so geduldig, so gottergeben auf dem Krankenbett zu erleben. Immer noch hatte sie dieses Leuchten in den Augen.

Der cholerische Gottesmann

Wir hatten einen neuen Pfarrer bekommen, er war Choleriker und nicht gerade ein Kinderfreund. Nicht nur wir Schulkinder, auch Erwachsene fürchteten ihn, wenn er mit seinem Stock heftig den Boden malträtierte. Gab man im Religionsunterricht nicht gleich die richtige Antwort, konnte er recht ungemütlich werden, was nicht gerade dazu beitrug, dass einem das Richtige einfiel. Außerdem hatte er ein sehr imposantes Stimmorgan, das er in seinen Predigten voll aus-lebte.

Die Tatsache, dass meine Eltern, meine Schwester und ich mit diesem jähzornigen Mann im Pfarrhaus wohnen mussten, war nicht gerade einfach. Vor seinem Amtseintritt war es mir immer wie ein Privileg vorgekommen, im Pfarrhaus zu Hause zu sein und ich war immer mächtig stolz, sagen zu können, dass wir beim Pastor wohnten. Er und seine Haushälterin mochten uns gerne und verwöhnten uns zuweilen.

Tatsache war, dass der neue Pastor uns nicht leiden konnte. Das zeigte er schon bald in unmissverständlicher Art und Weise. Sein wütendes Gepolter erschreckte nicht nur uns Kinder, sondern auch unseren bis dato sehr friedlichen, kleinen schwarzen Hund, den wir mit dem Einverständnis des vorherigen Pfarrers hatten halten dürfen. Mein Vater hatte ihm einen schönen Zwinger draußen in einer geschützten Ecke unseres Hofes gemacht, in dem er sich aufhielt wenn wir nicht mit ihm spielten oder mit ihm spazieren gingen.

Tiere spüren mehr noch als Menschen, wenn man sie nicht mag. Sobald der Pastor den Hund sah, - oder war es umgekehrt? - beschimpfte er ihn lautstark und in grobem Ton. Einmal sah ich, wie er mit dem Kleiderbügel nach ihm schlug. Dabei war es ganz gewiss nicht so, dass das Tier jemals Schläge verdient hätte.

Nicht nur der Hund, auch wir litten unter der Herrschaft des neuen Hausbesitzers, selbst meine Mutter fürchtete sich vor den jähzornigen Ausbrüchen des „geweihten Mannes". Dass er ein "Geweihter" war, stand für sie außer Zweifel, und so ermahnte und beschwichtigte sie uns immer wieder, wenn wir uns über ihn und seine Ungerechtigkeit bei ihr beklagten. Eine Variante seiner vielen Wutattacken bestand darin, dass er sich unten in den Flur stellte und uns laut beschimpfte. Meine Mutter war entsetzt und nicht minder eingeschüchtert. An solchen Tagen wagte sie sich solange nicht mehr ins Treppenhaus, bis mein Vater von der Arbeit nach Hause kam. Wenn er daheim war, war der Pastor komischerweise friedlich. Zufall oder Absicht?

Ich erinnere mich noch ganz genau, dass mein Vater uns riet, beim nächsten Mal das Radio laut aufzudrehen, damit wir die Beschimpfungen nicht mehr hören konnten. Meiner Mutter schien das nicht recht, doch wir fanden die Idee Klasse.

Wenn der Leidensdruck groß genug ist, tut man Dinge, die man vordem nicht für möglich hält. Genau so ging es meiner Mutter. Sie zitterte wie Espenlaub, als die Tiraden ein paar Tage später aufs Neue begannen. Voller Verzweiflung machte sie das Radio an und, - so unglaublich das auch klingen mag - wie auf Bestellung erklang das Ave-Maria.

Wir stellten die Lautstärke höher und auf der Stelle herrschte Ruhe! Dennoch war das kein Grund, anzunehmen, wir wären nun als Mitbewohner im großen weiträumigen Pfarrhaus erwünscht. Genau das Gegenteil war der Fall. Der

Pastor schikanierte uns fleißig weiter, auch als er feststellen musste, dass er rechtlich und moralisch keinerlei Handhabe hatte uns zu kündigen. In Psyche und Kinderseele hinterließ das Spuren.

Opposition

Heute durchschaue ich vieles, was ich damals nicht verstand.

Warum fühlte ich mich eigentlich so stark und gut, wenn ich gemeinsam mit den anderen Kirchenbesuchern aus voller Kehle Gebete und Lieder schmetterte?

Sonntag für Sonntag reihte ich mich mit nüchternem Magen, gefalteten Händen und gesenktem Kopf in die lange Schlange derer, die zum Altar strebten, um dort die Kommunion zu empfangen. Mittlerweile wusste ich, wie ich mit der klebrigen Hostie umzugehen hatte.

Mit dem Größerwerden hinterfrug ich den „Gemeinschaftsgeist", der sich nicht nur beim gemeinsamen Kommunizieren, beim Singen und Beten, sondern auch in der gleichzeitigen Körperhaltung zeigte. Alle knien nieder. Alle setzen sich. Alle stehen auf. Alle bekreuzigen sich gleichzeitig. Alle geben die gleiche Antwort auf einen Psalm. Alle schlagen sich bei einem bestimmten Zeichen des Priesters reuevoll an die Brust. Mir kam es so vor, als sei jedes Gemeindemitglied Teil der

Herde, die sich um den Hirten scharte. Keiner hätte gewagt, sich zu knien wenn alle anderen sich auf Geheiß des Pfarrers hinsetzten.

Für mich war es eine Mutprobe, die ich mit innerlichem Zittern zelebrierte. Vorwurfsvolle Blicke und unangenehme Ellbogenstöße meiner Banknachbarn sollten mich dazu bewegen, mich wie alle hinzusetzen, zu knien oder zu stellen. Manchmal war ich über mich selbst erschrocken, doch immer wieder zog es mich auf den harten Sitz hinunter, wenn die anderen sich scharrenden Fußes erhoben. Immer öfter zwang ich mich auf die armen Knie, wenn alle sich gemütlich hinsetzten, um der Predigt zu lauschen.

Was veranlasste mich plötzlich zu dieser öffentlich zur Schau gestellten Opposition? Sobald ich mich hinsetzte wenn die anderen knieten, wurde ich mitfühlend gefragt, ob mir übel sei. Das wäre die einzig akzeptable Erklärung für mein Verhalten gewesen, - aber so?

Ebenso widerstrebte es mir mehr und mehr, an der jährlichen Bitt- Prozession teilnehmen. Wie ich das hasste: in Zweierreihen mussten sich Erwachsene und Kinder aufstellen: Rechts gingen die Mädchen und Frauen, links die Knaben und

Männer. Vorne an der Spitze schritt der Pastor unter einem Baldachin einher, den vier Männer trugen, flankiert von Messdienern in weiß-roten Gewändern. Dahinter folgten die kleinen Bräute Christi in ihren weißen Kommunionkleidern vom letzten Jahr.

In der Mitte der Prozession ging der Küster oder ein Mitglied des Kirchenvorstandes und zeigte mit einem langen Stab, an dessen Spitze ein kleines Metallkreuz blinkte, auf die Seite der Prozession, die an der Reihe war zu beten. In der Regel handelte es sich um den für mich sehr eintönigen Rosenkranz. Dieses Einerlei der immer gleichen Gebete entbehrte nicht einer gewissen Spannung, denn in der Mitte des Gebets erfolgte der Wechsel. So betete die rechte Seite die erste Hälfte des Gebetes und die linke beendete es.

Den Rücken des Vordermanns vor Augen musste man zudem höllisch aufpassen, nicht aus dem Schritt zu kommen. Mehr als einmal trat einem der Hintermann auf die Hacken. Diese Monotonie und der mir ganz und gar unnatürlich erscheinende Gleichschritt verlockten mich nicht, an der Bitt-Prozession teilzunehmen. Sobald sich die formatierte Schar dem Dorfrand näherte und in den Feldweg einschwenkte, wartete ich auf eine Gelegenheit, mich zu verdrücken.

Ich fühlte mich vereinnahmt und reglementiert, wo ich doch so gerne einmal mein "Ich" hätte einbringen wollen.

Was sich bei mir erst zaghaft im Ansatz zeigte, - nämlich das Hinterfragen des Allgemeingültigen, (nicht nur das der Religion), war bei meiner älteren Schwester schon wesentlich ausgereifter. Im Gegensatz zu mir konnte sie besser ihre Meinung artikulieren, sie war keineswegs so bange und angepasst wie ich. Schade, dass die Eltern dieses Streben nach Individualität als aufsässig empfanden und dem in Form von Verboten und Bestrafung entgegenwirkten. Sehr gut kann ich mich erinnern an den allmonatlich wiederkehrenden Streit, wenn es um die Frage des Beichtens ging. Meine Schwester weigerte sich, dorthin zu gehen. Ich ging auch nicht mehr, hatte aber viel zu viel Angst, das zuzugeben. Statt zu beichten ging ich spazieren.

Man muss sich fragen, warum die Eltern uns zu so unmündigen, gehorsamen Anhängern ihrer Religion machen wollten, wo wir doch gerade erst anfingen, uns mit ihr auseinanderzusetzen.

Hatten sie Angst, ihrer christlichen Verantwortung nicht gerecht zu werden, wenn sie ihren Kindern etwas mehr Freiraum im religiösen Denken zugestehen würden?

Neue Aspekte

Mit dem Älterwerden wandelte sich mein Weltbild ebenso wie mein Gottesbild. Letzteres war regelrecht ins Wanken geraten, aber nun blätterte auch noch der Putz ab.

Was sich da ganz tief in mir wandelte und formte, konnte ich noch nicht benennen. Es brauchte Zeit zum Reifen.

Der Prozess der Ablösung war ein schmerzlicher und es hat lange gedauert, bis ich den Mut hatte, meine Gedanken und Ansichten frei zu formulieren.

Zu gerne hätte ich mit jemandem über diese wichtigen Dinge geredet, hätte mich auseinandergesetzt und diskutiert mit anderen Menschen und Meinungen. In Ermangelung dessen las ich Bücher, sog in mich ein, was andere schrieben und dachten. Manches Mal stockte mir der Atem, dann hatte ich etwas gefunden, was ich schon immer gedacht, aber noch nie so deutlich und bewusst wahrgenommen hatte. Beim Lesen des Büchleins *„Gottesvergiftung" von Tilman Moser*, seines Zeichens Psychoanalytiker, fand ich schwarz auf weiß, was ich so oft schon gedacht hatte. Der Autor setzte sich, nicht zuletzt auch in seiner Tätigkeit als Psychotherapeut, kritisch mit dem herrschenden Gottesbild auseinander, das für so viele seelische Schäden selbst noch im Erwachsenenalter verantwortlich war.

Ähnliches hörte ich auch in einem Vortrag Eugen Drewermanns, der ebenfalls von vielen Menschen sprach, die bei ihm Hilfe suchten, weil sie als Kind unter der katholischen Religion so gelitten hatten.

Ich fand mich bestätigt in meinem noch brodelnden und unausgereiften Gottesverständnis und fühlte mich nicht mehr ganz so allein mit meinen manchmal recht aufrührerischen Gedanken.

Das folgende Beispiel lässt ahnen, welche zerstörerische Tiefenwirkung ein falsch vermitteltes Gottesbild haben kann:

Eine reiche alte Dame schreibt dem Autor einer kritischen Streitschrift, in der er die Bibel versucht zu widerlegen, einen langen Brief. Darin dankt sie ihm aus ganzem Herzen für sein Werk. Nun endlich, nach einem langen Leben voller Gewissensqual und -not könne sie aufgrund dessen, was sie in seinem Buch gelesen habe, die Last einer falsch vermittelten Religion abwerfen und in Frieden sterben.

Zum Dank vermacht sie ihm ihr gesamtes nicht unbeträchtliches Vermögen in Form von Immobilien und Aktien.

Pfui Teufel

In unserer Religion war kein Platz für Sinnlichkeit und Lebensfreude. Alles, was auch nur annähernd mit Körperlichkeit zu tun hatte, war verpönt, wenn nicht gar Sünde.

Es waren recht zwiespältige Gefühle, als ich eines Tages vor dem Spiegel entdeckte, dass mein kindlich flacher Busen endlich die so lang ersehnte weibliche Form einzunehmen schien.

Verunsichert durch das sechste Gebot "Schamhaftigkeit und Keuschheit" wusste ich nicht, ob meine Freude über diese geschlechtsspezifischen Rundungen und das Anschauen im Spiegel schon verbotene Regungen des Geschlechtstriebes waren.

Auch fragte ich mich allen Ernstes, ob die Inspizierung meines erwachsenwerdenden Körpers bereits schon eine Sünde war.

Hatte ich „...den Leib unschamhaft angefasst?" wenn ich mit den Händen über meinen Körper strich und froh war, eine so schöne weiche Haut zu haben? Natürlich fiel mir prompt ein Spruch aus der Bibel ein, wo es heißt: "Wenn dich deine

Hand zum Bösen verführt, dann haue sie ab. Es ist besser für dich, verstümmelt in das Leben zu gelangen, als mit zwei Händen in die Hölle zu kommen..."

Das war starker Tobak und musste erst einmal verdaut werden.

Zuhause wurden solche Themen gemieden, vor allen Dingen aufklärende Gespräche über Zeugung und Kinderkriegen. Notgedrungen suchte ich in Büchern und Lexika nach Hinweisen und Antworten. Wir Mädchen tuschelten hinter vorgehaltener Hand mit den Freundinnen und tauschten das so erworbene Wissen untereinander aus. Kein Wunder, dass sich da ein Bild formte, das der Realität in keiner Weise entsprach.

Man kann sagen, dass diese Art der religiösen Erziehung spätere Probleme im Erwachsenenalter schon vorprogrammierte, denn die psychischen Folgen eines solcherart naturwidrigen Empfindens müssen jeden normal empfindenden und denkenden Menschen krank machen.

Als ich endlich erwachsen war, konnte ich besser mit den Eltern reden wenn ich zu Besuch kam. Ich hatte nicht gewusst, dass der Vater als junger Mann aus dem Priesterseminar geflüchtet war. Ihm saß die religiöse Erziehung wie ein Stachel im Fleisch und hatte sie an uns Kinder weitergegeben ohne unsere Not zu erkennen. Zu tief saß die Prägung, als dass er frei und eigenverantwortlich die religiöse Erziehung seiner Töchter in die Hand genommen hätte. Auch meine Mutter fühlte sich der Kirche zugehörig und schöpfte ihre Kraft daraus.

Auch wenn ich mit den Jahren immer kritischer und sensibler geworden bin im Hinblick darauf, was die Religion unseren kindlichen Seelen angetan hat, so weiß ich doch, dass die Eltern in allerbester Absicht handelten und uns liebten.

Möglicherweise litten auch sie unter dem, was die Amtskirche ihnen abverlangte. Geredet wurde darüber nie.

Versprochen

Als ich in der Ausbildung vor einem schwierigen Examen stand, verfiel ich wieder in meine altgewohnte Rolle. Ich versprach, die 8 Tage dauernde Fußwallfahrt nach Kevelaer mitzumachen, wenn Gott mir dafür half, die Prüfungen mit allerbester Note zu bestehen. Obwohl ich jahrelang gewissenhaft und fleißig gelernt hatte, war ich in Sorge, am Prüfungstag zu versagen.

Trotz aller Ängste erzielte ich zu meiner eigenen Überraschung das bestmögliche Prüfungsergebnis, das ich heute nicht anders deute als den berechtigten Lohn für mein jahrelanges Lernen. Mit Gott hatte das nichts zu tun.

Ich aber hielt mein Versprechen und im darauffolgenden Jahr meldete ich mich zur Pilgerwallfahrt an. Dass ich wahrhaft Buße tat steht außer Zweifel, denn meine Abneigung gegen Prozessionen hatte eher noch zugenommen als dass sie weniger geworden wäre. Außerdem war ich nicht gewohnt, so weit zu laufen. Das tägliche Marschpensum wurde für mich und meine Füße zur Qual.

Ehe wir morgens weiterpilgerten, besuchten wir in aller Herrgottsfrühe die Messe im jeweiligen Ort der Übernachtung. Plötzlich wurde mir schwarz vor den Augen und ich bin umgekippt. Wenig später fand ich mich im Bus (der das Gepäck der Wallfahrer transportierte) zu meinem Erstaunen auf dem Boden liegend wieder. Das frühe Aufstehen, kein vernünftiges Frühstück und die vielen Blasen an den Füßen waren wohl einfach zu viel.

Bald schon konnte ich keine Schuhe mehr tragen. Eine freundliche Frau, die in der Haustüre stand und die vorbeiziehende Prozession bestaunte, sah mich humpeln. Sie rief mich zur Seite und schenkte mir ein Paar offene Schwimmbad-Schuhe aus weichem Gummimaterial. Sie passten mir tatsächlich und so kam ich nach einer Woche Wallfahrt mit sage und schreibe 48 Blasen an den Füßen auf geschenkten Gummilatschen wieder daheim an.

Ich weiß, diese Erfahrung hat mir nicht geschadet, aber warum glaubte ich, meinen wohlverdienten Prüfungserfolg mit so vielen Blasen und Schmerzen bezahlen zu müssen?

Absprung

arte Auseinandersetzungen waren nötig, endlich den Absprung zu wagen zum eigenständigen Denken und Handeln.

Mein Gott war schon lange nicht mehr der Gott der Kirche. Ich musste mir den Vorwurf gefallen lassen, ich mache mir meinen Gott selber. Na wenn schon. Besser so, als ihn mir einfach vorsetzen zu lassen, dachte ich aufmüpfig.

Ähnliche Diskussionen im Freundeskreis brachten eher Unruhe, als dass sie klärend wirkten. Als ich einmal sagte, ich könne viel besser draußen oder im stillen Kämmerlein beten als in der Kirche, stieß ich auf harten Widerstand.

"Wo zwei oder drei in meinem Namen versammelt sind, da bin ich mitten unter ihnen" wurde ich belehrt.

All das blieb natürlich nicht ohne Wirkung. Ich ertappte mich dabei, dass ich die allmonatliche Schul-Beichte nicht mehr als so wichtig ansah. Ich ging statt in den Beichtstuhl viel lieber durch die nahegelegenen Wiesen und Gässchen spazieren. Hier war ich mit mir und meinen Gedanken allein.

Ich dachte über meine Sünden nach, die ich eigentlich dem Pfarrer im Beichtstuhl hätte sagen müssen.

Die eine oder andere Verfehlung tat mir wirklich leid, doch beileibe nicht alle. Wie schon als Kind nahm ich mir vor, ein guter Mensch zu werden, einer, der für Unrecht einstehen und helfen würde da wo es nötig war. Ernsthafter und ehrlicher als im Beichtstuhl gelobte ich Besserung und spürte auch die Kraft, dies zu realisieren.

Über Jahre des Zweifelns und Suchens hatte sich in mir ein ganz neues Gottesbild entwickelt, - manchmal so ambivalent wie meine wechselnden Empfindungen.

Den Gott der Kindertage gibt es nicht mehr. An seiner Stelle ist ein Schöpfer getreten, nicht nur ein anderer Name, sondern damit verbunden auch eine ganz andere Sichtweise.

Dieser Schöpfer war für mich kein personifizierter Gott, sondern eine höhere Macht, die ich zwar auch nicht verstand und beschreiben, aber in gewisser Weise anerkennen konnte. Ich spürte, dass ich ihr draußen in der Natur näher war als ich es in den prunkvollen Kirchenräumen je gewesen war. Dieses Gefühl hat mich ein Leben lang begleitet.

Vergeben und verzeihen?

Nun denn, werfen wir endlich die Bleilast der frühkindlichen religiösen Prägung ab und befreien uns von dem lebensfeindlichen Gefühl, schon als Sünder auf die Welt gekommen zu sein. Tillmann Moser hat in seiner beeindruckenden Biographie in diesem Zusammenhang sogar von "Gottesvergiftung" gesprochen.

Würde Jesus noch unter uns weilen, hätte er sich gegen einen so inhumanen Glauben vehement zur Wehr gesetzt. Er wollte eine Religion der Liebe, der Menschlichkeit und Gerechtigkeit und keine, die die Menschen klein, furchtsam und ein Leben lang unglücklich macht.

Nicht nur für mich sind die mittlerweile ans Licht gekommenen sexuellen Verfehlungen Geistlicher schwer zu verkraften. Das, was sie uns als Kinder als die Schlimmste aller Todsünden eintrichterten, betrieben sie als Erwachsene an ihren Schutzbefohlenen. Die Frage stellt sich, ob wir den schuldig gewordenen Gottesmännern diese Verbrechen verzeihen können?

Je nach Art und Tiefe der seelischen Verletzungen fällt es schwer, zu verzeihen. Trauer, Wut und Verachtung können so stark sein, dass eine Vergebung unmöglich scheint. Die geschlagenen Wunden sind tief, schmerzen und überschatten immer wieder das Leben.

Wer als Kind oder Jugendlicher seelischen Schaden nahm, sehnt sich danach, endlich vergessen zu können. Doch im Innern schreit alles nach Rache, nach Wiedergutmachung. Doch Psychologen wissen:

So, wie wir in Achtung und Liebe an einen Menschen gebunden sind, so bleiben wir es auch in Zorn und Hass. Das wiederum bedeutet, dass wir niemals richtig frei sein können, da ein nicht geringer Teil unseres Denkens, Fühlens und Handelns sich immer wieder mit der betreffenden Person und den von ihr zugefügten seelischen Schaden beschäftigt.

Dem Schuldigen zu verzeihen ist letztendlich die einzige Medizin, die wirklich Heilung bringen kann. Zu vergeben heißt jedoch nicht grundsätzlich, „alles ist vergessen".

Es bedeutet vielmehr: „Obwohl du mir weh getan hast, obwohl ich immer noch verletzt bin, versuche ich dir zu vergeben, damit ich selber wieder frei werde von der Last des Schmerzes."

So aber darf ich Mensch sein

Mein Deal mit dem lieben Gott ist längst aufgehoben. Dieser vermenschlichte Gott, den uns Kirche und Schule einzuflößen versuchten, hat niemals existiert. Dennoch überfällt mich manchmal eine Sehnsucht, die ich nicht benennen kann. In Zeiten seelischer Not, wenn mir das Schicksal die Luft zum Atmen nimmt, suche ich ihn, den ich gleichermaßen gefürchtet und geliebt habe.

Möglich, dass ich dann in die Kirche meiner Kindheit gehe und mich dort in eine leere Bank setze. Wie wunderbar still es hier ist!

Ich hole tief Luft und schaue mich um. Alles scheint noch so zu sein wie ich es in Erinnerung habe: der Seitenaltar, vor dem jedes Jahr die Krippe aufgebaut wurde. Der defekte Opferstock, er ist immer noch da. Die Orgel auf der Empore, still und verwaist. Von dort oben habe ich Texte vorlesen dürfen, was mich mit Stolz erfüllt hat. Der mit weißen Spitzentüchern bedeckte Altar sieht immer noch so aus wie früher. Die große Kerze mit dem roten Alpha - und Omegazeichen auf den Altarstufen erinnert an die Osternacht.

Gedanken und Erinnerungen kommen und gehen.

Das absolute High-Light aber ist das plötzlich einfallende Sonnenlicht, das die Kirchenfenster und mich zum Strahlen bringt.

Alles ist mir hier vertraut: Die Stille, der noch im Kirchengewölbe hängende Duft nach Weihrauch, die flackernden Kerzen an den Bildstöcken und der geliebte Klang der Turmuhr, die die Stunde schlägt und sagt:

Es ist schon spät.

Je länger ich darüber nachdenke weshalb ich überhaupt in die Kirche gegangen bin, je selbstkritischer muss ich mich hinterfragen.

Gehöre auch ich zu den Menschen, die nur beten und in die Kirche gehen, wenn sie Hilfe benötigen? Oder ist alles nur Nostalgie und dem zunehmenden Alter geschuldet?

Immer wieder höre und lese ich, Glaube könne Berge versetzen. Damit ist ganz sicher nicht der Glaube an Gott gemeint, sondern der feste Glaube an Heilung, der Glaube daran, dass sich alles zu meinem Besten entwickeln wird. Rückfall in den Kindheitsglauben? Nein und nochmals nein! Heute glaube ich – mehr denn je – an den außergewöhnlichen Menschen Jesus und an den Wahrheitsgehalt seiner Bergpredigt. Was sie beinhaltet, ist wert, weit über 2000 Jahre Bestand zu haben.

Heute stehe ich nicht mehr unter dem Zwang, immer gut sein zu müssen. Ich darf auch mal böse sein ohne Angst vor irgendwelcher Strafe zu haben. Wäre ich als Engel gedacht, dann hätte ich Flügel statt Schulterblätter.

So aber darf ich Mensch sein mit all dem, was unsere Spezies auszeichnet.